# HARAKIRI

# J. NITOBÉ

Professeur à l'Université Impériale de Kyoto

# HARAKIRI

Traduction autorisée : L. MATSUDAIRA

REIMS

ÉDITION DE *LA JEUNE CHAMPAGNE*

33, CHAUSSÉE DU PORT. 33

1904

# Harakiri

C'est le nom japonais du suicide par éventrement.

Folie ! crieront mes lecteurs européens. Pour nous cet acte n'a rien de choquant ni de ridicule. Le souvenir des plus nobles actions s'y rattache, et des plus touchantes solennités.

La vertu, le sublime, la grandeur d'âme transforment la mort plus basse en un symbole d'existence nouvelle,... sans cela le signe que Constantin aperçut dans les nuages n'eût pas conquis le monde.

Notre choix de cette partie du corps n'est pas arbitraire. Il est fondé sur une antique croyance anatomique où le ventre est considéré comme le siège de l'âme et des sentiments. Cette conception encore vivante chez les Japonais se retrouve dans la Bible. Moïse dit de Joseph que ses entrailles désirent revoir son père ; David supplie Dieu de ne pas oublier ses entrailles : Jézias et les autres prophètes parlent souvent de l'inquiétude de leurs entrailles. Même conception chez les Grecs qui considèrent le ventre (*phren* ou *tumos*, et *hara* en japonais) comme le lieu de l'âme.

En France également, le mot en question s'emploie en dehors de toute acception anatomique. Descartes n'enseigne-t-il pas que l'âme réside dans la glande pinéale et n'emploie-t-on pas le mot « entrailles » dans le sens de *sympathie*, de compassion ? On dit qu'un orateur « a des entrailles ».

Ainsi on ne saurait taxer de superstition une idée mieux justi-
fiée au point de vue scientifique que la théorie qui fait du cœur
le centre des sentiments. Les psychiâtres parlent d'un cerveau
pelvien ; ils y comprennent les ganglions du bassin qu'influencent
tous les phénomènes psychiques. Admettons ce principe de psycho-
physiologie et il en découlera cet argument du harakiri : « Je vais
ouvrir la demeure de mon âme, — juge si elle est pure ou
impure. »

Mon intention n'est pas de justifier le suicide au point de vue de
la religion ou de la moralité. Il me servira seulement à montrer
quelle place élevée occupe l'honneur au Japon.

Dans ce pays, la mort apparait comme la solution d'un problème
complexe où la dignité humaine, l'héroïsme et le stoïcisme trouvent
leur compte ; un samouraï ambitieux considéra toujours la mort
naturelle comme une fin plutôt ignoble.

Si la plupart des chrétiens pouvaient s'exprimer ouvertement, ils
confesseraient leur admiration pour la sublime impassibilité des
Caton, des Brutus, des Pétrone, ces grands suicidés.

Et Socrate ? Avec quel empressement il se soumit au jugement
de l'Etat, alors qu'il le savait inique et qu'il pouvait s'y soustraire :
ses disciples nous l'ont rapporté sans omettre un détail. Calme, il
prend la coupe fatale, fait une libation, avale lentement le poison
et meurt.

L'acte du père des philosophes n'excite pas l'horreur physique
provoquée par la guillotine. Et pourtant la décision des juges aurait
dû révolter l'homme à qui l'on disait : « Tu dois mourir de ta
main. »

Si le mot « suicide » signifie uniquement mourir de sa propre
main, Socrate est un suicidé. Or, personne ne l'accusera de ce
crime. Platon, pour qui le suicide est immoral, n'a jamais dit que
son maître se fût suicidé.

Maintenant mes lecteurs comprennent sans doute que *harakiri*
n'est pas un simple suicide, mais une institution légitime et céré-
monielle. La grandeur de cette conception méliévale est évidente
pour qui admet l'idée d'expiation. Par ce moyen, les gentils-
hommes expiaient leurs crimes, réparaient leurs fautes, échappaient
au déshonneur, en délivraient leurs amis, ou démontraient leur
sincérité.

Imposé comme châtiment, *harakiri* s'exécutait alors en grande
cérémonie. Il fallait pour le subir ainsi un sang-froid égal à la grandeur d'âme. C'est pourquoi on le jugeait digne d'un gentilhomme.

Notre antiquité japonaise m'inspire un intérêt si profond que je me fusse hasardé à décrire cette coutume vénérable. Un écrivain trop peu lu m'a déchargé de ce souci en reproduisant avec talent et exactitude, d'après un vieux manuscrit japonais, les différents actes de cette tragédie vécue.

Dans son livre, *Le Vieux Japon*, M. Midfor s'exprime ainsi :

« — Nous (les sept représentants étrangers) fumes invités à suivre les témoins japonais dans le *hondo*, salle principale du temple où la cérémonie devait avoir lieu. La scène était impressionnante. Des colonnes en bois foncé supportaient le plafond de la haute salle d'où descendaient une quantité d'immenses lampes dorées et autres ornements caractéristiques d'un temple bouddhiste. Devant le maître-autel, où une estrade couverte de belles nattes blanches s'élevait de 3 à 4 pouces, était suspendu un tapis écarlate. De hauts cierges espacés régulièrement répandaient une clarté mystérieuse qui laissait voir discrètement ce qui allait se passer.

« A gauche de la petite plate-forme sept Japonais vinrent s'asseoir ; à droite, nous, les sept étrangers. Aucun autre assistant.

« Quelques minutes d'attente fiévreuse et nous voyons apparaître Taki Zenzaburo, homme robuste de trente-deux ans, au noble visage. Drapé dans la robe de grande cérémonie aux manches larges comme des ailes, il était accompagné d'un « kaïshaku » et de trois officiers vêtus du « jimbaori », l'habit de guerre à parements dorés. « Kaïshaku » n'est nullement le synonyme de bourreau ; c'est une fonction de gentilhomme, remplie souvent par un ami ou un parent du condamné. En l'occurrence, c'était le frère de Taki Zenzaburo que les amis de celui-ci avaient élu « kaïshaku » pour son talent d'escrimeur.

« Taki Zenzaburo et son kaïshaku, aligné à sa gauche, s'approchèrent des témoins avec une révérence qu'ils répétèrent pour les étrangers, plus respectueuse peut-être. Solennellement on leur rendit ces salutations.

« Calme et digne le condamné monta sur l'estrade, fit deux génuflexions devant le maître-autel auquel il tourna le dos pour s'asseoir à la japonaise sur le tapis, le kaïshaku à sa gauche, immobile.

« Un des trois officiers japonais s'avança portant une table pareille aux tables victimaires en usage dans les temples. Là-dessus s'allongeait le « wakizashi », poignard long de neuf pouces et demi, aussi tranchant qu'un rasoir. Il s'agenouilla pour l'offrir au condamné qui, après l'avoir pris avec respect, l'éleva des deux mains au-dessus de sa tête, puis le posa devant soi.

« Nouvelle et profonde révérence de Taki Zenzaburo aux spectateurs. La face impassible, mais une imperceptible hésitation dans la voix, il nous fait cette douloureuse confession :

« — Moi seul ai donné l'ordre de tirer sur les étrangers à Kobé... J'ai réitéré cet ordre quand ils allaient s'enfuir... Pour ce crime je vais faire harakiri... Je prie l'assemblée de m'accorder l'honneur d'être témoin de cet acte. »

« Une suprême salutation, et le voici nu jusqu'à la ceinture. Selon la coutume il attache soigneusement sous ses genoux les manches de son vêtement pour ne pas tomber en arrière : le noble japonais doit mourir penché en avant.

« Il a saisi le poignard, — la main est calme, le regard pensif — presque avec tendresse il le contemple longuement...

« Quelques secondes de recueillement et l'arme s'enfonce de toute sa longueur dans le côté gauche. Lentement il la porte vers le côté droit où, en la retournant dans la plaie, il se fait une fine coupure verticale. Pas un muscle du visage n'a frémi. Il retire le poignard, se penche et allonge le cou. Aucun son, bien que la douleur lui contracte le visage.

« Le kaïshaku est debout. Agenouillé près de lui il avait jusqu'ici surveillé tous ses mouvements. Son glaive siffle... un éclair... bruit lourd, chute fracassante. D'un seul coup il a séparé la tête.

« Un glouglou sinistre rythme le silence.

« Profonde inclination du kaïshaku. Il essuie son glaive avec le papier rituel et disparaît. A terre le poignard ensanglanté près de la masse informe qui fut un homme vaillant et chevaleresque. L'arme, témoignage de l'exécution, est respectueusement emportée.

« Deux représentants du Mikado quittent leur place, s'approchent et nous invitent à déclarer que justice a été faite. Cette formalité accomplie nous quittons le temple. »

Quelle tentation pour des Japonais que l'apothéose au moyen du harakiri ! Beaucoup y recoururent sans nécessité. Pour des motifs légers, de simples étourderies, on vit les têtes chaudes aller à la mort comme les phalènes vont à la flamme. Des causes équivoques jetèrent plus de samouraïs au suicide que de nonnes au couvent. Notre peuple mettait son point d'honneur à n'estimer guère la vie. Malheureusement l'honneur invoqué n'était pas toujours un titre, et aucune des fosses de l'*Inferno* n'est plus remplie de Japonais que la septième, réservée aux suicidés.

Un vrai samouraïs, il faut le dire, considéra toujours le suicide sans motifs sérieux, comme une lâcheté. Tel ce vaillant chef qui, ayant perdu bataille sur bataille, pourchassé à travers forêts et cavernes, s'était réfugié dans le tronc d'un arbre. Glaive émoussé, arc brisé, plus une flèche au carquois ! Pourtant il n'imita pas ce Romain qui, vaincu à Philippi, se jeta sur son glaive. Stoïque comme un martyr chrétien, au lieu de se tuer il chanta :

> Soucis ! Douleurs ! Tout ce qui oppresse
> Mon dos accablé !
> Le comble des maux me presse
> Et ne fait qu'augmenter
> L'expansion de mes forces.

Ainsi l'exige la doctrine de *Bushido* (1). Il est recommandé de supporter les rancœurs et le sort contraire avec une patience que soutient une conscience pure, car Mencius (2) a dit :

« Si le Ciel veut octroyer à un homme une condition supérieure, il lui fortifie l'âme par la souffrance, les nerfs et les muscles par le travail ; il l'expose à la famine, lui inflige les affres de la misère et fait échec à toutes ses entreprises. Ces épreuves élèvent l'âme, endurcissent le corps et rendent capables des grandes actions. »

Le véritable honneur réside dans l'obéissance aux ordres du Ciel. Si leur exécution entraine la mort, celle-ci n'a rien d'ignoble. Hors de là, quand la mort volontaire détruit les desseins de la Providence, elle constitue une lâcheté.

Une conception analogue à nos dogmes, figure dans le *Religio Medici* de sir Thomas Brown qui s'exprime ainsi :

« Le dédain de la mort est certainement une marque d'héroïsme, mais quand l'existence devient plus terrible que la mort, vivre est encore plus héroïque. »

Le passage de Brown confirme, avec mille autres, l'accord moral des races cultivées et montre l'inanité des efforts incessants de ceux qui cherchent à établir des différences essentielles entre chrétiens et non chrétiens, entre l'Orient et l'Occident.

Harakiri, malgré son illégalité, se pratique encore. Il ne disparaîtra des mœurs japonaises, je le crains, qu'avec les souvenirs

---

(1) *Bushido* ( — *L Ame du Japon)* par M. le Professeur J. Nitobé. Ce livre, d'où j'ai extrait « Harakiri », est l'exposé le plus parfait que je connaisse de la psychologie du peuple japonais. — L. M.

(2) Disciple fameux de Confucius. — L. M.

héroïques du passé. Des procédés de suicide plus expéditifs et moins douloureux seront inventés et rapidement propagés, mais il faudra toujours concéder au harakiri son caractère aristocratique.

Selon M. le Professeur Morselli, un suicide très douloureux ou suivi d'une agonie prolongée est, quatre-vingt-dix-neuf fois sur cent, produit par la folie, le fanatisme ou une surexcitation maladive. Or, le harakiri normal, n'a rien de commun avec ces phénomènes morbides. Il exige, au contraire, un équilibre parfait de la mentalité.

Deux formes de suicide ont été distinguées par le docteur Strahan : le rationnel et l'irrationnel. C'est au premier type qu'appartient le harakiri.

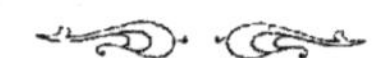

Saint-Amand (Cher) — Imp. Em. PIVOTEAU & Fils